Lb 1635.

CONSIDÉRATIONS

SUR

LA DETTE PUBLIQUE

DE FRANCE,

ET OBSERVATIONS SUR UN NOUVEAU SYSTÈME
DE FINANCES.

PAR LE DUC DE GAËTE. 

PARIS

IMPRIMERIE DE GOETSCHY FILS ET COMPAGNIE,
Rue Louis-le-Grand, n° 35.

1832

CONSIDÉRATIONS

LA DETTE PUBLIQUE

DE FRANCE,

ET OBSERVATIONS SUR UN NOUVEAU SYSTÈME
DE FINANCES.

———

La Dette publique, qui jouait, sous le gouvernement impérial, un rôle si peu important dans le budget de l'État où elle ne figurait, dans les derniers tems, que pour 63 millions, a pris, sous *la restauration*, un immense accroissement, dont les causes diverses sont connues. La première fut l'énorme rançon à laquelle la France fut soumise à la suite de l'invasion de 1815. Dans l'impossibilité d'en demander le paiement *à l'impôt*, il fallut recourir au procédé qui, dès son origine, avait obtenu de si grands effets en Angleterre et auquel les capitalistes de tous les pays étaient, depuis longtems, accoutumés. Une loi du 25 mars 1817 autorisa une première négociation d'une rente de 5 fr., jusqu'à concurrence *de* 30 *millions de rente*, c'est-à-dire, *de 6 millions de rentes de 5 fr.*, aux meilleures conditions qu'il serait possible d'obtenir. Elle assigna sur un excédant du revenu *ordinaire* au-delà des dépenses *ordinaires*, le paiement de ces rentes, ainsi qu'un fonds annuel d'amortissement de 40 millions. Ce fonds dut s'accroître, jusqu'à ce qu'il en fût autrement ordonné, du montant de toutes celles qui auraient été rachetées, chaque année, et du produit extraordinaire de la vente de 150 mille hectares de bois de l'État.

Il faut bien remarquer que nos emprunts n'ont point été contractés, comme cela était autrefois d'usage, en stipulant un *intérêt* quelconque pour un *capital* déterminé; nous avons simplement *vendu une rente de 5 fr. aux enchères :* nous étions par conséquent bien réellement débiteurs, non pas d'*un intérêt à* 5 *pour* 100 qui ne se trouve stipulé nulle part; *mais d'une rente d'une quotité fixe,* comme anciennement les rentes *foncières* qui n'étaient ni *réductibles* ni *remboursables,* parce qu'aucun capital ne leur avait été assigné.

Il est bien vrai que, par une mesure purement

5

administrative et qui ne résultait d'aucune disposition de la loi du 25 mars 1817, la rente de
5 fr. fut *inscrite au grand-livre de la dette antérieure* à laquelle on avait donné, *sous le consulat,*
la dénomination de 5 *pour* 100, uniquement
pour faire disparaître celle de *tiers consolidé* qui
rappelait, au préjudice du crédit, une grande
infidélité commise, sous le *directoire,* trois ans
auparavant.

Il est également vrai que cette dénomination
de rente 5 *pour* 100 s'est glissée inaperçue dans
les lois d'emprunt postérieures à celle du 25
mars 1817.

Qu'elle puisse être, aujourd'hui, considérée
comme l'*équivalent de l'expression formelle du capital* de la rente de 5 fr. *au pair :* soit; mais on
n'en peut rien conclure en faveur de la faculté
de réduire cette rente, *par l'offre du remboursement,* comme on avait voulu le faire en 1824, et
comme l'idée en a été récemment reproduite
dans une feuille publique Cette faculté fondée,
en Angleterre, sur *une disposition positive* de la
loi constitutive de *chaque emprunt,* n'est encore,
chez nous, qu'une sorte de dogme qui reste sujet
à la controverse, tant que la législation ne l'a
pas consacré.

Cet état d'indécision m'autorise à soumettre à

l'opinion , pendant qu'il en est tems encore , les résultats de mes méditations sur cette question importante et sur d'autres qui s'y rattachent.

La combinaison adoptée en 1817, sans être précisément celle des emprunts anglais , puisqu'elle n'assignait aucun capital à la rente négociée (par la raison qu'elle n'admettait , *pour son extinction,* que le procédé *de l'amortissement,* auquel nos voisins avaient associé, *facultativement, le remboursement du capital exprimé dans le contrat*); cette combinaison, dis-je, produisit tout ce qu'elle avait promis. 1500 millions furent empruntés, sans difficulté, quoiqu'avec de grands sacrifices, en plusieurs années , au milieu de l'amélioration progressive du crédit et sans que les contribuables en aient éprouvé de surcharge; le territoire fut affranchi, au bout de trois ans, de la présence des étrangers, et huit ans plus tard, l'amortissement avait racheté, avec un capital de 194 millions seulement, 37 millions de rentes représentant, au denier 20 , un capital de 740 millions.

Ainsi le Trésor avait obtenu une économie de plus de 146 millions sur la dépense qu'un remboursement, *au denier 20 de la rente,* aurait exigée:

Les capitalistes qui avaient eu confiance en

nous, dans des tems qui furent si difficiles, en avaient aussi reçu la récompense par l'augmentation notable de leurs capitaux :

Enfin l'intérêt de l'argent, *sur la place*, avait éprouvé une baisse satisfaisante, par l'élévation du *cours* de la rente.

Le système établi avait donc été également profitable *au crédit, à la fortune publique et aux fortunes particulières,*

Tout-à-coup, on sembla s'effrayer d'un succès qui avait passé toutes les espérances et l'on ne parut frappé que de la dépense que l'amortissement pourrait occasioner, en en portant l'estimation fort au-delà de toute vraisemblance. Les opérations faites, à une époque désastreuse, devinrent l'objet d'une censure sévère. En indiquant ce qu'il eût mieux valu faire (comme, par exemple, *d'emprunter à terme, même à 12 pour 100*), on semblait oublier que, *dans les grandes nécessités*, ce ne sont pas ordinairement les *prêteurs* qui reçoivent la loi; que l'*emprunteur* est au contraire forcé de se soumettre à leurs convenances et à leurs habitudes.

Peut-être aussi, en interrogeant le *passé*, aurait-on pu prendre moins de confiance dans le renouvellement d'un mode d'emprunt qui avait autrefois produit tant de scandales, quoiqu'il n'y eût

aucune proportion entre la quotité des engagemens qui avaient été anciennement contractés et
l'énormité de ceux dont nous aurions eu à assurer l'accomplissement, *à des époques déterminées,*
sans qu'il eût été possible de prévoir qu'elle eût
pu être, à chaque époque de remboursement,
la situation du Trésor public.

Quoiqu'il en soit, perdant de vue l'intérêt
principal (*l'extinction* de la dette, *dans la mesure
convenable*), on ne fut plus occupé que du soin
d'en alléger le fardeau, en diminuant l'importance *de la rente.* On tendait, ainsi, à sacrifier à
des intérêts présens ou plus prochains, ceux
d'un avenir plus éloigné que l'on s'était auparavant appliqué à concilier tous deux : ce qui avait
été, ce semble, plus politique et plus juste. Le
gouvernement, s'appuyant sur l'exemple de l'Angleterre, dont on a vu que *la position n'était pas
la même,* proposa *de rembourser la rente de 5 fr.
sur le pied du denier 20, par la voie d'emprunts à
un intérêt plus faible,* ou *de la réduire à 4 fr. pour
ceux qui en refuseraient le remboursement,* afin de
faire profiter les contribuables de la différence.
On invoquait *le droit commun* qui autorisait,
disait-on, tout débiteur *à se libérer* quand il en
avait la volonté et les moyens, et qui ne permet-
tait pas que l'État fût forcé de subir toujours les

conditions qu'il avait été obligé de consentir dans des circonstances différentes.

Mais, premièrement, n'était-ce pas abuser des mots que de supposer une *libération réelle et complète*, là où il n'y aurait eu réellement que *la substitution d'une dette à une autre;* substitution qui, en réduisant seulement *la rente*, devait laisser l'État toujours débiteur *du même capital*, au denier 20 de la rente primitive, engendrant seulement des intérêts nouveaux, dont la réduction *possible* devrait avoir un terme prochain?

Comment, au surplus, les auteurs de ce projet avaient-ils pu se flatter de son succès dans le cas où *tous* les rentiers auraient opté pour le *remboursement* qu'il eût été évidemment impossible d'opérer *simultanément* et *en deniers comptants, comme le veut le droit commun qu'ils invoquaient*, lorsqu'il s'agissait d'une dette de plusieurs milliards?

S'était-on proposé, pour échapper à cette grave difficulté, *de fractionner* le remboursement dans la proportion des emprunts que l'on aurait pu faire, en déterminant, *par la voie du sort,* les rentes qui devraient y être soumises?

Mais serait-ce encore dans le principe *du droit commun*, que l'on eût cru pouvoir puiser celui de traiter, avec une aussi fâcheuse inégalité, des créanciers *ayant tous le même titre* et dont une partie se serait trouvée exposée à perdre, par un placement moins avantageux de son capital, une portion notable du revenu que ses *co-intéressés dans la masse compacte* du grand-livre auraient provisoirement conservé?

Ou bien, avait-on compté sur *un refus général du remboursement*, dont la conséquence eût été la réduction *forcée* que l'on voulait faire subir aux rentiers ?

Mais n'aurait-ce pas été, *de fait*, nous ramener (*avec la franchise de moins*) au régime de l'ancienne rente dite *perpétuelle*, dont l'histoire est si connue?

Deuxièmement. La loi du 25 mars 1817 n'a-t-elle pas satisfait pleinement à l'exigence du *droit commun*, en établissant *un mode spécial de remboursement* pour les emprunts qu'elle autorisait? L'État n'est-il pas en conséquence *très-réellement libéré* des 860 millions de *capitaux* représentés, au denier 20, par les 43 millions de rentes rachetées par la caisse d'amortissement, ainsi que *de ces rentes elles-mêmes qu'il a le droit d'annuler;* tandis que le remboursement *forcé*, substitué à l'amortissement *au moyen de nouveaux emprunts*, ne pourrait, je le répète, opérer qu'une libération *fictive* relativement soit au *capital*, soit à une forte partie *de la rente* ?

Troisièmement. Qu'y a-t-il de commun entre le propriétaire actuel d'une rente qu'il a pu payer *jusques à 110 fr., sur la place,* et les capitalistes qui, dans la situation peu rassurante où s'était trouvée la France, n'avaient pas cru pouvoir en donner plus de 56 fr. ? Comment le rendrait-on responsable d'anciennes exigences qui lui sont étrangères et dont il n'a pas profité ?

Quatrièmement. Les partisans de la réduction de la rente n'ont pu contester l'altération progressive que subissaient les revenus du rentier, par l'abaissement de la valeur de l'argent. S'il n'a pas le droit de se plaindre de cette perte *prévue;* n'a-t-il pas du moins celui de dire que ce doit être une raison de plus pour ne pas lui en imposer une nouvelle *qu'il a d'autant moins dû prévoir,* qu'il n'y avait eu, chez nous, d'exemple d'opérations *analogues, par leur résultat,* que dans des tems où tous les principes avaient été scandaleusement méconnus (1) ? Ne devrait-il pas

---

(1) Une livre tournois achetait en 1786 la même quantité de bled pour laquelle il faut dépenser aujourd'hui 1 franc 44 centimes. Elle représentait par conséquent une valeur *réelle* supé-

arriver que l'introduction arbitraire d'un procédé nouveau destiné à rétroagir sur un *passé* qui n'y avait pas été soumis par la loi, altérât la confiance, seule base du *crédit*, par les inquiétudes qu'elle ferait naître sur la fidélité du gouvernement à des engagemens ultérieurs?

Peut-il être dans l'intérêt bien entendu de l'État qu'une telle opinion s'établisse dans cette partie de la société *qui fournit, en définitive, tous les fonds des emprunts publics?* À quel prix pourrait-il espérer, plus tard, les secours que des circonstances impérieuses lui rendraient nécessaires? Serait-il même assuré de les trouver, à quelque prix que ce fût?

Je n'adresse point ces questions au petit nombre de ceux qui, confondant *l'usage* du *crédit*, avec *l'abus* qu'on en peut faire, ne voyent en lui qu'un ennemi public qu'ils voudraient proscrire, au lieu de protéger. Cette théorie abstraite et chagrine semble faite pour un monde imaginaire et ne peut conduire à aucune *conséquence pratique,*

---

rieure, de près du *tiers* à celle *nominale* d'un franc, en 1832.

Si donc une rente de 100 fr., valeur *nominale*, était diminuée d'un *cinquième*; réduite à 80 fr., elle ne représenterait plus qu'environ 55 livres, valeur *réelle* de 1786 (1).

(1) Voir l'Histoire financière de la France, par M. Bailly, t. 2, p. 302 et 303.

susceptible d'application à l'état réel des sociétés, dans les tems où nous vivons. Il serait, ce semble, tout au moins imprudent de négliger pour *la défense*, un moyen dont *l'attaque* devrait tirer un si grand avantage.

Cinquièmement. Comment l'élévation *du cours des fonds publics* pourrait-elle légitimer une réduction de la rente?

Quel rapport y a-t-il, en effet, entre un revenu *fixe* employé à l'achat, *aux prix courans*, de tous les objets nécessaires à la vie; et le produit *incessamment variable*, (*au gré des circonstances politiques; du plus ou moins d'abondance des capitaux sans emploi; ou des combinaisons des spéculateurs*) des sommes appliquées aux opérations de la *Bourse?* Il semble que *le cours de la place* ne peut raisonnablement servir de régulateur que pour les conditions d'un nouvel emprunt. On ne peut même en rien induire à l'égard *du taux général de l'intérêt* dans les transactions particulières. Celui-ci s'établit par *le cours naturel des choses* qui échappe à toutes les observations. L'élévation *soutenue* de celui de la rente peut y jouer un rôle quelconque, comme étant *un symptôme de confiance* dans la situation du pays, à l'intérieur et au dehors; mais son effet principal est de donner, par le résultat de cette confiance, au gouvernement qui est le plus grand consommateur, les moyens de faire tous ses marchés à des conditions meilleures et *de réduire ainsi les exigences du budget ;* ce qui profite bien autrement aux contribuables que ne pourrait le faire une *réduction de la rente*, qui imposerait à nos créanciers un sacrifice que rien ne motiverait, puisqu'il est constant que sa faveur ou sa dépréciation *à la Bourse* n'influe en rien sur la situation de celui qui veut la conserver. Que le cours soit à 100 : à 80 : à 60 ; il n'en obtient pas pour un *centime* de denrées de plus ou moins. Il n'y a donc pas plus de raison de réduire sa rente, lorsque le *cours* est *élevé*, qu'il n'aurait droit de demander qu'on *l'augmentât* dans le cas contraire. Le sort du débiteur et du créancier est invariablement fixé par le contrat.

Cependant, à la suite de l'emprunt de 150 millions fait, en 1832, un papier public n'a pas cru pouvoir mieux justifier la préférence donnée (avec toute raison), *au fonds de 5 pour 100*, que par la considération de la faculté qu'elle assurait de *réduire* la rente par *l'offre du remboursement.*

Si la condition dont il s'agit avait été, comme en Angleterre, exprimée par la loi constitutive du nouvel emprunt, la question de *légalité* ainsi écartée, il ne se serait plus présenté que celle

de savoir si cette innovation pouvait être considérée comme avantageuse sous le rapport *du crédit*. Mes doutes à cet égard n'ont pu que se fortifier par les développemens que l'on a donnés au mode d'exécution d'une réduction de la rente. « Si le gouvernement, a-t-on dit, em-
» prunte en 5 *pour* 100 il peut, le jour où *le* 3
» *pour* 100 *aurait atteint le pair*, obtenir une
» réduction *de* 2 *pour* 100, c'est-à-dire, réduire
» la rente de 5 fr. à 3 fr. »

Par conséquent lorsque le 3 aurait atteint le cours de 75, la rente de 5 fr. pourrait être réduite à 4.

Or, tout le monde convient que cette rente est en général, dans les mains des rentiers qui *ne jouent point* et qui vendent toujours *sérieusement :*

On reconnait également, au contraire, que le 3 pour 100 est le plus généralement dans les mains des spéculateurs qui déterminent, à-peu-près exclusivement, hors les circonstances extra-ordinaires, *la hausse* et *la baisse*.

Et ce serait des résultats de semblables opérations que devrait désormais dépendre le sort de nos prêteurs!...

Au fur et à mesure que les *capitaux* des détenteurs du 3 pour 100 *augmenteraient, par l'effet du jeu; le revenu* des propriétaires du 5, étrangers à toute spéculation, devrait *décroître*, dans la même proportion, lorsque le prix des nécessités de la vie resterait le même ou serait peut-être augmenté.

De bonne foi, pourrait-on se flatter d'encourager, par une telle perspective, des hommes sages à nous confier la fortune de leurs familles?

Ici pourra se reproduire encore l'exemple de l'Angleterre où, dira-t-on, cette espèce d'anomalie n'a découragé personne.

Mais que l'on veuille donc bien, une bonne fois, se persuader que la différence qui existe dans la quantité des capitaux des deux pays ne permet de conclure, de l'un à l'autre, qu'avec une extrême précaution. Leur énorme exubérance, chez nos voisins, particulièrement dans toute la période de leurs emprunts, a dû produire les mêmes effets que nous remarquons, chez nous mêmes, dans une proportion relative, lorsque la stagnation des affaires laisse oisive une masse plus considérable de fonds pour lesquels on recherche avec empressement, *à tout prix*, un intérêt quelconque. C'est à cette circonstance temporaire, jointe à une confiance méritée, qu'au moment où j'écris, le Trésor doit de placer facilement ses bons au dessous même de 3 pour 100 et de n'en pas avoir pour tous ceux qui en demandent; mais cet état de choses, *habituel* en Angleterre, n'est que *transitoire* chez nous et n'a d'ailleurs rien de commun avec la valeur réelle de nos fonds publics pour la classe nombreuse de capitalistes qui n'y cherchent qu'un revenu d'une perception facile et régulière et aussi *certain* que sa nature peut le comporter.

Ces diverses considérations semblent devoir conduire à reconnaître que ce n'est que dans l'exercice, sagement réglé, du droit *légal* dont je parlerai plus bas, *d'annuler*, dans la proportion convenable, les rentes rachetées par la Caisse d'amortissement, que l'on peut trouver, sans s'exposer à aucun reproche, à aucun regret, le moyen de diminuer les impôts que le paiement de la dette nécessite.

Sixièmement. Est-il bien sûr que l'ensemble du système de nos voisins, et particulièrement *la faculté de réduire, à volonté, les intérêts par l'offre du remboursement,* aient rendu les conditions de leurs emprunts plus avantageuses ? On pourrait en juger autrement par les révélations qui nous sont parvenues de ce pays même, où l'opinion à cet égard paraît avoir beaucoup changé.

Ces questions qui touchent à tant d'intérêts, vaudraient bien la peine d'un sérieux examen, avant de se décider à prononcer le remboursement ou la réduction de la rente de 5 fr., quoique aucun de nos emprunts, depuis 1816 jusqu'à 1832, n'ait été soumis à cette condition que nul raisonnement ne pourrait absoudre du vice de *rétroactivité* contraire aux principes d'une bonne législation.

Mais en renonçant à cette idée, ne pourrait-on pas du moins exercer une retenue sur la rente pour *la contribution foncière?* Cette proposition, a séduit de bons esprits et surtout des hommes de bonne foi. « Les rentiers, disaient-» ils, jouissent d'un revenu dont la nature ne » l'expose pas, comme celui des propriétaires » fonciers, aux divers accidens qui en affaiblissent » et quelquefois en détruisent momentanément » le produit. Pourquoi le premier ne contribuerait-» il pas à l'impôt auquel l'autre est assujetti? »

Ce raisonnement est spécieux; mais un examen attentif fait bientôt apercevoir que c'est dans l'intérêt *de l'État,* non dans celui des *prêteurs* que les fonds publics sont affranchis de toute imposition. Il est clair que l'effet certain du système contraire serait de renchérir les emprunts dans la proportion de la contribution qui affecterait la rente. Il n'y a point de doute, par exemple, que, dans cette hypothèse, les capitalistes n'auraient pas donné de notre rente de 5 fr. y le prix que nous en avons reçu. Il aurait fallu en négocier une masse plus forte pour n'obtenir que le même capital dont nous avions un besoin absolu. Nous aurions par conséquent tenu compte, à l'avance, de la contribution qui aurait été perçue plus tard, et les contribuables seraient demeurés chargés d'un surcroît de dette, au moins égal, si ce n'eût été supérieur à la contribution que les rentiers auraient semblé partager.

Ainsi l'affranchissement d'impôt a réellement été une condition du contrat : il a fait partie du prix de la chose qui nous a été livrée, et il n'y aurait effectivement aucune différence entre *réduire d'autorité* la rente; ou *la grever d'une taxe* qui la réduirait, de fait, dans la même proportion.

L'assujettissement à une contribution quelconque, d'une rente qui n'y aurait pas été expressément soumise par le contrat, serait donc, il faut trancher le mot, une *infidélité* comme toute autre, et aurait infailliblement, pour *le crédit*, les mêmes conséquences.

Qui ne sait, d'ailleurs, la différence essentielle qui existe entre une rente *fixe en argent*, susceptible, comme on l'a déjà dit, d'une diminution graduelle par la dépréciation de la valeur réelle de la monnaie, et un revenu égal *en biens fonds*, qui, par le renouvellement successif des baux, se maintient toujours à la hauteur du prix des denrées! Les plus simples notions de la justice permettraient-elles de les assujettir l'une et l'autre à une législation commune, lors même que l'intérêt du crédit et celui bien entendu des contribuables eux-mêmes ne s'y opposeraient pas impérieusement?

Le besoin d'assurer l'extinction *réelle* de toute la partie de la dette *qui ne devra pas être conservée*, pourra exiger, plus tard, une disposition particulière pour remplir, dans notre système de crédit, une lacune qui se ferait bientôt remarquer si la rente 5 pour 100 venait à se maintenir constamment *audessus du pair;* ce qui produirait, à l'égard de l'amortissement, le même effet que si cette rente, se trouvant *définitivement classée*, il ne s'en présentait plus, *sur la place*, dont il pût s'emparer. On remédierait à cet inconvénient en ordonnant que, au commencement de chaque année, le gouvernement appellerait *par la voie du sort*, à un amortissement *obligé*, *sur le pied du denier* 20, une masse de rentes représentant un capital équivalent au montant de la somme dont la caisse d'amortissement n'aurait pas eu l'emploi, pendant l'année précédente.

Une semblable disposition insérée par la suite, dans nos lois d'emprunt, mettrait notre système d'amortissement, établi d'abord *sans limite*, en harmonie avec la loi qui, depuis, en a limité l'action *au pair* et assurerait, dans tous les cas, une extinction *réelle* et *définitive* que l'on ne pourrait jamais attendre de remboursemens opérés *à l'aide de nouveaux emprunts;* pas plus que de *réductions successives* de la rente qui auraient nécessairement un terme.

Cette opération, qui, à la vérité, ne serait pas exempte de quelques-uns des torts d'un *rembour-sement fractionné*, se légitimerait, du moins, si elle devenait un jour nécessaire à l'égard d'une partie de notre dette actuelle, par *l'épuisement* du mode suivant lequel nos emprunts ont été contractés (celui d'un amortissement *volontaire*) et par l'exigence de l'*intérêt général*, auquel, dans ce cas, celui des rentiers eux-mêmes ne pourrait être étranger, qui ne permettrait pas de laisser l'État dans l'impuissance de se libérer de toute la portion de sa dette qu'il ne pourrait conserver sans grever *l'avenir* de charges supérieures à celles que nous pouvons avoir le droit de lui im-poser et qui, augmentées de ses besoins parti-culiers, deviendraient infailliblement, avec le tems, la cause de nouvelles infidélités.

Rien ne serait innové relativement à la conservation provisoire des rentes *amorties* et à leur application à de nouveaux amortissemens jusqu'à ce que leur annulation fût prononcée par la loi.

Sans doute, ce n'est plus, là, l'ordre de choses qui avait valu à l'Angleterre d'être appelée *la terre classique du crédit ;* mais on me permettra de ne pas ambitionner pour nous de tels succès. Heureusement notre situation politique n'aura jamais rien de semblable à celle dans laquelle la haine passionnée de *Pitt* pour les principes de notre révolution, avait placé son pays. Il avait à pourvoir aux dépenses d'une guerre *européenne* dont il devait faire, en grande partie, les frais et dont il ne pouvait apercevoir la fin. Il lui avait fallu une machine propre à produire, *à l'aide des capitaux immenses que les profits du commerce du monde accumulaient dans son pays,* et par une illusion qui ne devait durer qu'un tems, des effets sans proportion avec ceux qui peuvent, dans toutes les suppositions, nous devenir jamais nécessaires et dont il s'était lui-même, un moment, effrayé, dès 1796, époque à laquelle il se détermina à proposer l'emprunt *dit de loyauté,* dans lequel le prêteur recevait pour 100 l. st., une reconnaissanee de 112 l. 10 s., produisant

5 pour 100 d'intérêt payables par semestre; mais il revint bientôt aux procédés constamment suivis après lui, et par lesquels, pour ne citer qu'un exemple assez remarquable, le gouvernement avait obtenu, dans la seule année 1813, une recette extraordinaire de 2,556,432,000 fr., qui portèrent la dette à près de 20 milliards. (*Théorie du Crédit public*, par M. Hennet, pag. 439 et 440.) Nos besoins ne peuvent bien certainement être tels, dans aucun tems; et ceux que nous pouvons prévoir n'exigent pas que nous nous jetions, tête baissée, dans une voie dont les écueils nous sont signalés par une expérience étrangère qui nous donne un avertissement que la prudence ne semble pas nous permettre de négliger. La nouvelle position dans laquelle nous serions engagés n'aurait évidemment rien de commun avec les conséquences *naturelles* du système de crédit que nous avons adopté. Il doit suffire pour assurer, dans tous les tems, la réussite des emprunts modérés auxquels nous serions dans le cas de recourir pour des besoins supérieurs à la ressource des impôts.

En résumé, on a voulu faire, de la théorie du *crédit*, une science occulte dont les adeptes possédaient seuls les secrets. La vérité est que les élémens en sont aussi simples pour les Etats que pour les particuliers. Ses premières lois sont la franchise et la bonne foi.

Dans la situation où nos lois d'emprunt nous ont placés, la justice ne permettrait, à la rigueur, de changer, au profit de l'État, le sort du rentier, qu'autant que le prix des objets de première nécessité aurait subi notablement, depuis l'époque de la constitution de la rente, une diminution proportionnée à la baisse de l'intérêt produite, *sur la place*, par l'élévation de son cours ; mais celui naturel des choses ne permet d'admettre, pour aucun tems, une semblable supposition.

Il ne faut pas confondre le propriétaire *sérieux* de la rente, avec les capitalistes qui ne cherchent, dans les fonds publics, qu'un emploi *temporaire* de capitaux prêts à les abandonner, dès qu'il y a quelque profit à le faire ; ce qui n'a, en soi, rien de reprochable. Ceux-ci pourraient trouver, dans les combinaisons qui leur sont familières, des moyens de se dédommager des suites d'une opération qui condamnerait le véritable rentier à s'imposer des retranchemens plus ou moins pénibles, pour proportionner sa dépense à son nouveau revenu.

Du moins la détérioration qu'éprouve naturellement la rente par l'effet de l'accroissement

du prix des denrées, porte seulement son propriétaire à réduire *graduellement* ses dépenses,
sans qu'il se rende compte de la cause qui l'y
oblige; trompé qu'il est par la quotité *nominale*
d'un revenu qui lui paraît rester toujours le
même; tandis que *sa réduction subite*, ajoutée à
celle déjà produite par la diminution *de la valeur
de l'argent*, occasionerait, dans l'existence de
beaucoup de familles, un bouleversement qui ne
pourrait qu'y exciter de justes et dangereux mé-
contentemens.

Serait-il aussi sans inconvénient de décourager,
soit les habitans des départemens qui avaient
hésité si longtems à se confier à nos fonds publics; soit, les classes laborieuses auxquelles
l'établissement récent des *caisses d'épargnes* tend à
donner des habitudes d'économie si favorables à
l'amélioration des mœurs; et que la perte qu'elles
éprouveraient, de même que les inquiétudes
qu'elles devraient concevoir pour l'avenir, déter-
mineraient probablement à ne plus se soumettre
à des privations dont elles n'auraient plus l'assurance de recueillir un jour le prix qu'elles en
auraient espéré (1)!

D'après l'état annexé au rapport sur les finances

____

(1) On sait que le produit des économies versées aux caisses
d'épargnes se convertit en rentes au grand-livre.

fait par M. le comte de Chabrol au commencement de 1830, le nombre des propriétaires *français et étrangers*, de rentes de 1,500 fr. et au-dessous, montant à 22,657,815 fr. de rente, était de 75,700 dont moitié seulement supposée mariée et multipliée par 5, représenterait, avec les 36,850 célibataires, plus de 200,000 individus que l'on peut considérer comme généralement fixés à Paris ; les *étrangers* devant jouer un rôle peu important dans cette classe de rentiers, et les rentes départementales, ainsi que celles des communes et établissemens publics formant, en masses, dans cet état, des articles séparés. Ainsi le *tiers* à peu près (et *le plus mal-aisé*) de la population de la capitale se trouverait intéressé dans l'opération de la réduction des 5 pour 100, laquelle, fixée au 5e, lui occasionerait une perte, en revenu, de 4,500,000 fr. dont il serait certainement beaucoup plus touché que de la diminution insignifiante qui pourrait en résulter dans la quotité de sa contribution aux charges publiques. L'effet de cette diminution ne serait pas plus sensible pour les contribuables *étrangers au grand-livre*. Ainsi une partie notable de la société éprouverait un grand mal, sans que l'autre eut même lieu de s'apercevoir du bien que l'on aurait cru lui faire.

On voit d'ailleurs, au premier coup-d'œil, que le résultat *réel* de cette mesure serait de faire profiter la classe *aisée*, par une réduction quelconque d'impôt, de la presque totalité de la perte considérable qu'elle ferait éprouver à la classe *malheureuse*, sur des revenus déjà si modiques ; et cet inconvénient se reproduirait toujours, d'une manière plus ou moins marquée, en supposant que l'on voulût admettre des *exceptions* qu'il ne serait pas facile de déterminer, pas plus que de les justifier ; la loi devant être *égale pour tous*.

Toutefois on ne doit pas perdre de vue qu'en exagérant les exigences de notre système, on compromettrait nécessairement sa cause. Le législateur a prévu l'excès des charges que l'amortissement pourrait accumuler sur la génération présente, si ses moyens devaient s'accroître *sans terme* ; et il a voulu prévenir cet inconvénient en autorisant *l'annulation* des rentes *rachetées*, dans les proportions qui seraient jugées convenables pour procurer un soulagement aux contribuables, sans s'exposer à trop affaiblir les effets de *l'intérêt composé* qui constitue la puissance de l'amortissement pour la libération de l'État, dans un tems déterminé ; ou à se priver entièrement, en écartant les conseils de la prévoyance, de l'espèce de *thésaurisation* qui résulte du main-

tien proxisoire des rentes retirées de la circulation et qui, au moyen du droit *de les annuler*,
deviendraient, au besoin, la matière de nouveaux emprunts *sans augmenter la dépense actuelle
du trésor.*

Ainsi les 43 millions de rentes 5 pour 100
rachetées jusqu'à présent offriraient, par leur annulation *totale*, dans des circonstauces *qui n'ad-
mettraient aucune composition*, les moyens d'obtenir plusieurs centaines de millions, par de
nouveaux emprunts, *sans accroître les charges
publiques d'une obole.* C'est un genre d'épargne
que l'amortissement nous a occasionellement
procurée, et qui, convenablement limitée, a
tout l'avantage, sans en avoir les inconvéniens,
de celle *en numéraire effectif*, à laquelle se li-
vraient, dans leur enfance, les gouvernemens
prévoyants, pour ne pas se trouver au dépourvu
au moment du besoin. Il est permis de croire
que notre situation *connue*, sous ce rapport, est
réellement, pour le pays, un *élément de force*, et
qu'elle favorise le maintien de la paix qui dé-
dommage, de tant de façons, de tous les sacrifices qu'on peut lui faire, sans compromettre la
dignité nationale, que cette même situation donnerait les moyens de défendre, avec avantage,
contre toutes les aggressions.

C'est au gouvernement et aux Chambres à juger, d'après la situation politique de l'Europe, à chaque époque, de plus ou moins d'étendue à donner à une précaution prescrite par la prudence et qui ne cesse pas de profiter à la chose publique, par l'emploi des rentes *conservées* à de nouveaux rachats, tant qu'elles ne deviennent pas nécessaires pour subvenir à des besoins extraordinaires supérieurs à ce qu'il serait possible d'obtenir de l'impôt.

Je ne me dissimule pas que l'utilité de ce système ne peut être établie *d'une manière générale* et qu'elle pourrait être raisonnablement mise en question dans un pays qui aurait à réclamer le secours du *crédit*, pour la première fois et pour une somme dont le remboursement pourrait être facilement assigné *à des époques prochaines*, *sur un excédant de revenu bien assuré;* si, d'un autre côté, les capitalistes s'accommodaient d'un emprunt *à terme,* auquel des préventions trop bien fondées doivent naturellement donner peu de faveur chez nous.

Mais telle n'est pas la question dont notre spécialité peut appeler l'examen. Nous n'en sommes point à rechercher comment on peut, généralement et dans tous les pays, emprunter d'une manière plus ou moins avantageuse; mais bien comment l'État pourra sortir, avec honneur, sans sacrifier les droits *légitimes* des contribuables, de la position dans laquelle des conjonctures impérieuses nous ont brusquement jetés. Nous n'eûmes point alors le choix des moyens pour conjurer l'orage qui menaçait *l'existence même de la France*, et je ne pense pas qu'il nous soit permis d'altérer les engagemens auxquels elle a dû son salut, pas plus que ceux que nous avons contractés depuis à des conditions semblables.

Du reste, pour apprécier équitablement les regrets si naturels que fait naître l'étendue de la dépense que l'exécution de nos obligations nous impose, il convient de reporter toujours son attention sur les causes et les effets de nos premiers emprunts. Peut-être, ces souvenirs disposeront-ils à plus d'indulgence pour des opérations qui nous ont épargné de si grands malheurs et dont la loi autorise, d'ailleurs, à régler la marche de manière à concilier, autant que possible, l'intérêt des contribuables avec ce qui est dû à la foi publique.

Je n'entends pas dire qu'après avoir satisfait à tout ce que notre dette actuelle exige de nous, il nous fût interdit de revenir, par la suite, au mode de l'emprunt *à terme*, si, contre toutes les vraisemblances, l'opinion se réconciliait avec lui et que l'importance du secours dont on aurait besoin ne fût pas hors de proportion, avec les moyens que la situation des finances permettrait d'affecter, *avec assurance, dans un tems qui ne se prolongeât pas trop*, au remboursement du capital emprunté. Ce mode pourrait être avantageusement défendu par la considération qu'il procurerait une libération plus prompte et, par là même, plus économique.

Il faut, au surplus, se rappeler toujours que l'emprunt, en lui-même, est généralement, on ne peut trop le répéter, un mal pour les peuples, parce qu'il crée, pour plus ou moins longtems, de nouvelles charges pour le paiement de la rente et pour la restitution du capital, de quelque façon qu'elle doive s'opérer. L'emploi du crédit, quelle qu'en soit la forme, ne doit donc être admis, lorsqu'il s'agit de pourvoir à des dépenses *improductives*, que pour des besoins *extraordinaires* qui dépassent tout ce qu'il serait possible d'attendre de l'impôt. La nature du gouvernement qui nous régit ne semble heureusement pas permettre de craindre que l'on pût s'écarter, sous aucun prétexte, de ce principe conservateur de la fortune de l'Etat et des fortunes individuelles.

Ce n'est pas par un motif frivole, que je me suis décidé à traiter des questions qui n'étaient

point étrangères aux travaux de toute ma vie.
Après avoir concouru, dans la commission des
finances de la Chambre des Députés, à la fon-
dation d'un système de crédit qui a tenu toutes
ses promesses, j'ai espéré que l'on me pardonnerait de m'être cru naturellement appelé à le
défendre, lorsqu'il m'a paru de nouveau menacé
par des idées dont je respecte toutefois l'inten-
tion. Quelque soit l'événement, j'aurai du moins
acquitté ma conscience.

J'accomplis, tout à la fois, le devoir que ma
place m'impose de servir, en tout ce qui peut
dépendre de moi, les intérêts légitimes des nom-
breux actionnaires de l'utile établissement dont
le Gouvernement de la Banque de France par-
tage, avec son Conseil de régence, le soin de
diriger les affaires.

P. S. Au moment de livrer ce travail à l'im-
pression, je trouve, dans un papier public, le
projet d'une réforme de notre système financier,
qui consisterait,

D'une part, à faire disparaître du budget *des*

dépenses, les 91 millions affectés à l'amortissement de la dette publique;

De l'autre, à retrancher de celui *des recettes* le
produit de toutes les contributions *indirectes*
montant à 200,700,000 fr.

L'auteur paraît persuadé que la suppression
de ces contributions *accroîtrait, dans une forte
proportion, le revenu des propriétaires fonciers;
les bénéfices de l'industrie et du commerce; la consommation du pauvre et celle du riche; l'ensemble
de la production et de la masse du travail; enfin
les chances de tranquillité et de prospérité publique
et par suite la garantie de l'Etat.*

Ce projet est présenté avec talent, et, quoique
destiné à répondre à une critique sévère, avec
un ton de convenance et de modération qui
prouve que c'est une œuvre de *conscience* et de
conviction.

Je serais donc tout-à-fait disposé à m'abandonner à cette doctrine, si je n'étais dominé par
d'anciens souvenirs dont, plus on vieillit, plus
on a de peine à repousser l'influence. Il ne dé-
pend pas de mo d'oublier que toutes les idées
que l'on reproduit avaient été la base du plan
adopté, il y a 40 ans, par l'assemblée consti-
tuante et qui avait si mal répondu à ses excellentes
intentions. L'on sait que la ruine *complète* de nos

finances en avait été *l'unique* résultat ; et qu'il avait fallu, quelques années après, rétablir, toutefois avec *d'importantes modifications*, un système que l'on fut forcé de reconnaître, alors, qu'il aurait convenu *d'améliorer* au lieu de *le détruire*.

Ne serait-ce pas encore, là, le conseil que donnerait aujourd'hui la sagesse ? Permettrait-elle de se confier, de nouveau, et à tout risque, à des utopies ingénieuses qui avaient, une première fois, trompé toutes les espérances, quelqu'imposante que pût être l'autorité des publicistes qui s'y montreraient favorables ?

Avec une imagination vive, une tête forte et un grand amour du bien, un écrivain, vivant dans la solitude du cabinet et au milieu de ses livres, sans contact avec l'administration publique, doit être facilement conduit à juger que tout y est *mal*, parce que, dans la réalité, rien n'est exempt *d'imperfection*. Il doit être également enclin à confondre *l'expérience* et la *routine*, dont les avis peuvent souvent lui paraître dictés par un même esprit. *L'irresponsabilité* donne, aussi, naturellement une *certaine assurance*, et l'on se livre, sans inquiétude, à des idées spéculatives dont on n'aurait point à justifier l'événement contraire. Il ne faut pas s'étonner que l'administra teur se montre plus circonspect, parce qu'il reste garant des effets de ce qu'il propose ; qu'on ne lui pardonnerait point de n'avoir pas tout prévu et que, dès lors, il doit être peu disposé aux innovations les plus séduisantes, lorsqu'il n'a pas la persuasion intime d'un succès certain ; à plus forte raison, lorsqu'une épreuve malheureuse les aurait condamnées d'avance.

Un système de finances doit être conçu dans un esprit de prévision que n'exige point, à beaucoup près, au même degré, la formation d'un budget. Celui-ci a accompli son office, lorsqu'il a satisfait par *des recettes probables*, et sans *prodigalité* comme sans *parcimonie*, aux besoins *d'une année*. L'autre doit assurer les moyens de pourvoir à ceux *de tous les tems*. Ses élémens doivent donc être combinés de manière à répondre à toutes les circonstances, en ménageant, par-dessus tout, l'intérêt *de la réproduction*, source de la richesse publique. Delà, la convenance, dès longtems reconnue, d'impôts *indirects* qui rejettent sur les *consommations* la partie des charges que l'on ne pourrait faire supporter *exclusivement* et *directement* par la propriété *foncière* et par celle *mobilière*, sans que la *réproduction* en fût compromise et sans qu'on épuisât, à l'avance, pour le service *ordinaire*, les ressources que, plus tard , des besoins *extraordinaires*, qui doivent toujours être prévus, pourraient temporairement réclamer d'elles ; tandis que, d'un autre côté, les sacrifices exagérés que l'on en exigerait habituellement priveraient les classes laborieuses d'une portion considérable des salaires qu'elles sont accoutumées à en obtenir, et dérangeraient ainsi, au grand préjudice de ces dernières, l'économie inaperçue de la distribution et de l'emploi des revenus généraux, dont la circulation entretient, dans toutes les parties du corps social, le mouvement, la vie.

J'ai développé ces principes qui dérivent de la *nature des choses*, plus forte que la volonté des hommes, dans les *considérations sur les effets des impôts en France*, que j'ai fait distribuer, l'année dernière, aux chambres.

J'ai parlé, plus haut, de modifications faites, sous l'Empire, au système antérieur des contributions indirectes. L'impôt du sel, par exemple, affectant la seule denrée qui, avec le pain, soit réellement *de première nécessité*, surtout pour le pauvre, appelait une attention toute particulière. Il fut rétabli de manière à ne lui laisser aucune analogie avec le régime qui avait précédé la révolution de 1789. On sait que, jusqu'à cette époque, et de tems immémorial, le sel avait été l'objet d'un *monopole* qui, dans la plus grande partie du royaume, faisait payer, au prix de 14 *sous la livre poids de marc*, une quantité *calculée* sur les besoins *présumés* de chaque famille, d'après le nombre d'individus dont elle était composée, à raison de 12 *livres par tête* et par an; en affranchissant une classe nombreuse de privilé-giés de cette exaction; ce qui constituait, en quelque sorte, *deux nations* en France. Ce mono-pole s'emparait aussi d'une branche de commerce au préjudice d'une industrie particulière qui ne procurait aux marchands qu'un bénéfice raison-nable.

La loi du 24 avril 1806 avait simplement im-posé sur le sel un droit de 2 sous par livre *poids de marc*, perceptible à l'extraction des marais sa-lans; la consommation et le commerce restant en-tièrement *libres*.

Le gouvernement avait pensé que, dans un pays où une grande partie de la population avait payé le sel, pendant longues années, 14 *sous la livre*, pour des quantités obligées et arbitraire-ment déterminées, son prix naturel pourrait être augmenté de 2 sous seulement par livre, dans le système d'une consommation entièrement *libre*, sans qu'aucune classe de la société dût être pri-vée d'une denrée nécessaire ou soumise à un sacrifice trop pénible ; après qu'elle en avait supporté, pendant si longtems, un si démesurément supérieur.

La suppression *du droit de passe* sur les grandes routes fit au surplus accueillir sans défaveur la nouvelle taxe qui était exempte des inconvéniens de la première, contre lesquels s'élevaient des réclamations générales ; et elle n'avait donné lieu depuis à aucune plainte.

Il est de notoriété que la consommation du sel n'est de nulle importance dans la dépense de la plupart des ménages ; pour lesquels l'impôt est par conséquent tout-à-fait insensible. Le poids ne peut s'en faire sentir que dans les familles pauvres, et peut-être serait-il possible de parvenir à les en affranchir par une mesure administrative qui ne priverait l'Etat que d'une portion d'une branche importante de revenu dont la perception est véritablement indifférente à l'immense majorité des citoyens.

A Paris, dans la cherté des bleds, on délivre aux familles nécessiteuses des *bons* pour obtenir, à un prix inférieur au prix courant, le pain qui leur est nécessaire. Ne pourrait-on pas arriver au même résultat, relativement au sel, par *des indemnités de l'impôt*, calculées sur une consommation *de 12 livres par tête et par an*, dont il serait formé, dans chaque commune, un rôle où seraient inscrits, avec la somme qui reviendrait à chacun d'eux, les individus qui s'adresseraient à la municipalité pour réclamer cette facilité et qu'elle en jugerait susceptibles? Ces indemnités seraient facilement payées par le percepteur de la commune sur le produit de ses recettes. Le rôle, *émargé* par les parties prenantes, serait remis, pour comptant, au receveur de l'arrondissement et, par celui-ci, au receveur-général qui en emploierait le montant en dépense dans ses comptes avec le Trésor.

Une mesure semblable pourrait être prise, plus facilement encore, pour les propriétaires qui élèvent des bestiaux et qui seraient reconnus avoir besoin de ce secours pour donner, à leurs élèves, le sel qui leur est si profitable.

Le sacrifice que ferait le Trésor pourrait même être affaibli par une légère augmentation de la taxe actuelle qui n'affecterait plus que les familles pour lesquelles elle ne présente aucun inconvénient.

Je hazarde cette idée qui, si elle était jugée mériter d'être accueillie, semblerait propre à concilier tous les intérêts. L'exemple de ce qui se pratique à Paris, *pour le pain*, autorise du moins à croire que l'exécution n'en serait pas susceptible de difficultés insurmontables.

Je ne me suis point occupé de l'intérêt *de l'agriculture* par la considération qu'aucune réclamation n'avait, par le passé, été faite en son nom, soit que le prix élevé du sel, avant 1789, eût, de tout tems, empêché l'usage de cet engrais en France ; soit que l'extrême diminution de ce prix par la destruction du monopole, à l'époque de notre première révolution, n'eût pas suffi pour déterminer, pendant les dix-huit ans qu'a duré l'affranchissement du sel, les cultivateurs à le préférer aux autres engrais dont ils avaient l'habitude et qui avaient toujours si bien répondu à leurs espérances.

Je réclame l'indulgence pour une digression à laquelle son motif peut servir d'excuse.

Je reviens au projet sur lequel je n'ai plus que quelques mots à dire.

L'auteur, en proposant la suppression de *l'amortissement*, n'a-t-il pas un peu perdu de vue *la foi due aux traités ?*

N'a-t-il pas oublié que cette mesure est une clause formelle des contrats qui nous lient et qu'il n'est pas plus permis aux *États* qu'aux particuliers d'en violer les conditions ? Eh ! si l'on pouvait penser que l'intérêt des *débiteurs* fût une cause *résolutoire* toujours *sous-entendue* dans les nôtres, quelle confiance pourrait désormais inspirer un système fondé sur le principe *des restrictions mentales !*

N'est-il pas, d'ailleurs incontestable que la condition de l'amortissement a essentiellement contribué à nous procurer l'assistance du crédit dans la crise violente où elle nous avait été si nécessaire?

Est-il juste de ne calculer que ce qu'elle nous coûte, sans tenir aucun compte de ce qu'elle nous a valu ?

Quelle eût été la situation de la France, depuis 1815, si, à cette époque, 1500 millions avaient dû être subitement arrachés à son agriculture, à son industrie et à son commerce par la force des bayonnettes étrangères !

Peut-on méconnaitre les services que la conservation de cette masse de capitaux a rendus à *la reproduction* dont les profits incessamment renouvelés échappent à toute évaluation?

Sans doute une part de ces profits est appliquée aux charges qui nous sont imposées ; mais celles-ci sont elles sans compensation?

Enfin, pourrions-nous *perpétuer* une dette telle

que la nôtre sans que tout l'avenir de la France, engagé par *cet excès de pouvoir*, fût exposé à en éprouver des embarras capables de compromettre sa considération, sa puissance et sa prospérité?

Si je ne m'abuse, la solution de ces questions ne peut rester, un moment, incertaine.